Me llamo...
Cristóbal Colón

Proyecto y realización
ParramónPaidotribo
Dirección editorial
Lluís Borràs
Edición
Cristina Vilella
Texto
Fernando Garcés Blázquez
Ilustraciones
Òscar Julve Gil
Diseño gráfico y maquetación
Zink Comunicació S.L.
Preimpresión
Pacmer, S.A.
Producción
Podiprint

Cristóbal Colón
ISBN: 978-84-342-3462-8
IBIC: YNM

Quinta edición
© 2019, Parramón Paidotribo.
http://www.parramon.com
E-mail: parramon@paidotribo.com

Impreso en España

Derechos exclusivos de edición para todo el mundo

Prohibida la reproducción total o parcial de esta obra mediante cualquier recurso o procedimiento, comprendidos la impresión, la reprografía, el microfilm, el tratamiento informático, o cualquier otro sistema, sin permiso escrito de la editorial.

Cualquier forma de reproducción, distribución, comunicación pública o transformación de esta obra sólo puede ser realizada con la autorización de sus titulares, salvo excepción prevista por la ley. Diríjase a CEDRO (Centro Español de Derechos Reprográficos, www.cedro.org) si necesita fotocopiar o escanear algún fragmento de esta obra (www.conlicencia.com) 91 702 19 70 / 93 272 04 47.

Hola...

Antes de que yo naciera, el océano Atlántico era una inmensa región plagada de terribles monstruos. Lo llamaban «el mar Tenebroso», y nadie se adentraba en él si no era por accidente.

Cuando yo nací, ya se había comenzado a explorar algunas islas como las Azores y las Canarias, aunque los barcos todavía preferían navegar bordeando la costa para no perder tierra de vista. Por el contrario, yo me interné en el mar más lejos de tierra firme de lo que ningún ser humano había navegado antes. Al principio, se burlaban de mí. Después de mi viaje por el Atlántico, todos siguieron mi ejemplo.

Para mis padres, sólo había existido el Mediterráneo y unos cuantos países alrededor de este mar. Para mis hijos, en cambio, más allá del Atlántico, se extendía América, y regiones que ni yo mismo fui capaz de soñar.

A raíz de mi descubrimiento empezó la época de los grandes imperios oceánicos. Debido al comercio con el Nuevo Mundo, algunos países europeos, como España e Inglaterra, experimentaron un gran crecimiento económico y se convirtieron en potencias internacionales. Desde entonces, lo que sucede en una parte del mundo afecta al resto. Sin mis viajes, el mundo en el que tú vives no sería como lo conoces.

De mi misteriosa apariencia e infancia

Nací hacia 1451 en algún lugar cuyo nombre prefiero que nadie recuerde. Y aunque varios historiadores han intentado resolver este secreto, ninguno lo ha logrado. Muchos, aunque no todos, creen que nací en Génova, ciudad costera de Italia.

Además del enigma sobre mi nacimiento, también logré que mi físico fuera un misterio. No se conserva ningún retrato que reproduzca mi auténtica fisonomía. Alguien me ha llamado «el almirante de los cien rostros». En realidad, existen más de doscientos cuadros y grabados sobre mí, ¡y todos ellos diferentes entre sí!

De mi juventud, sólo te confesaré que empecé a navegar muy joven, y a falta de escuela, mis profesores fueron los marinos cuyos relatos de otros mares, otras tierras y otras gentes no me cansaba nunca de escuchar. En efecto, fue a bordo de diferentes barcos como aprendí el duro, pero excitante, trabajo del marinero, del comerciante y, tal vez, del pirata...

¡Se cuentan también tantas cosas de mi juventud!...

Quizá fui capitán de un barco corsario, contratado por Renato I de Nápoles, aspirante a conde de Barcelona durante la rebelión de los catalanes contra su rey Juan II de Aragón. Quizá me embarqué en una flota genovesa que fue atacada por el corsario Guillaume Casenove Coullon cerca de Portugal, y quizá, tras una feroz lucha, para salvar mi vida salté al mar y llegué a nado a la costa portuguesa...

Quizá fue al revés, y yo era uno de los piratas que atacó a la flota genovesa. Quizás incluso fui el propio Coullon, o un familiar de este corsario, conocido como Colón el Viejo... O quizá fui a Portugal sencillamente porque allí estaba mi hermano Bartolomé, y todo eso de los piratas fue una invención. Los historiadores siguen discutiendo éste y otros episodios de mi vida. Como ves, supe ocultar mi pasado muy bien, y aún hoy sigue siendo un misterio.
Tú, ¿qué piensas? ¿Realmente fui un pirata?

Lo único cierto es que, desde 1476 hasta 1485, mi hogar fue Portugal, la nación entonces más adelantada en la exploración de una nueva ruta hacia el lugar más fascinante de la tierra: *las Indias*...
Yo tenía veinticinco años y me sentía capaz de todo.

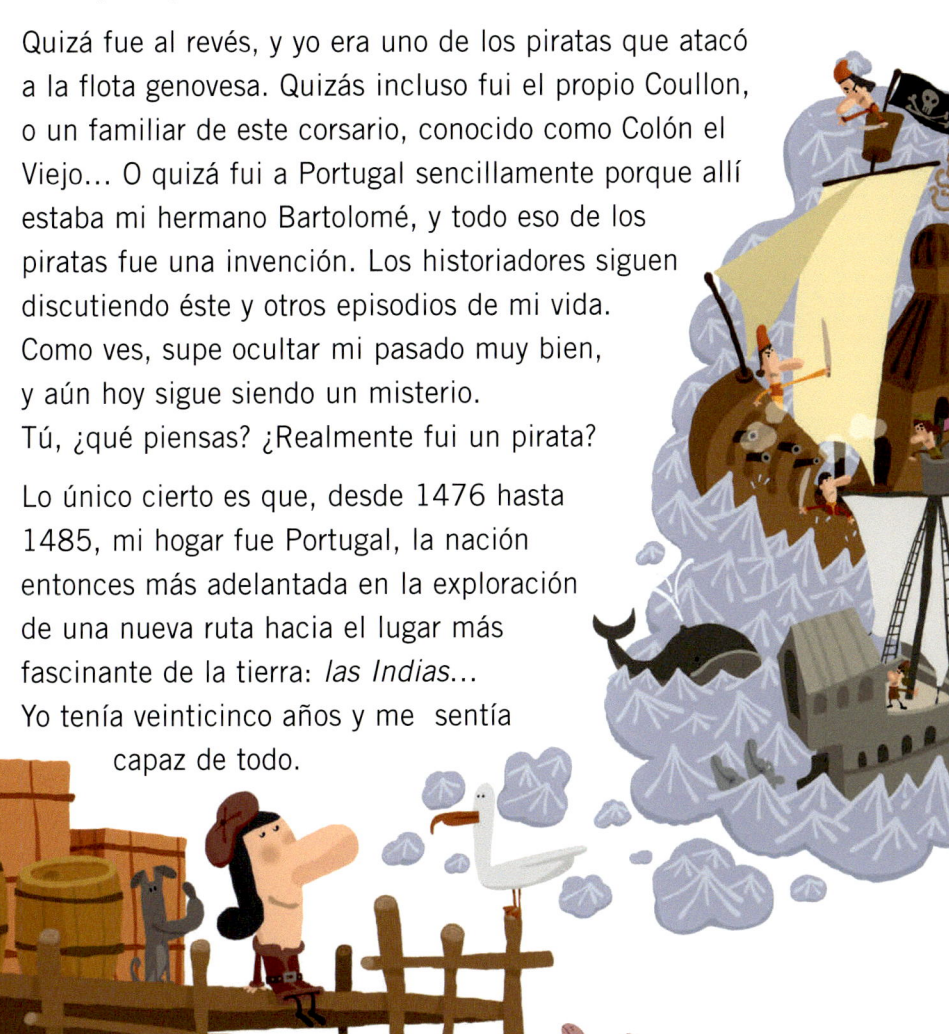

Las codiciadas Indias

En lugar de Asia, en mi época decíamos *las Indias*, y con esta expresión entendíamos una región que comprendía no sólo la India sino también Catay (China), Ceilán (Sri Lanka) y Cipango (Japón).

De *las Indias* procedían maravillosas mercancías como la seda y la porcelana, y las entonces muy valoradas especias, como la pimienta, un ingrediente culinario al alcance sólo de los más ricos. Piensa que estas mercancías se traían a través de largas rutas terrestres en caravanas de camellos, y una vez en los puertos del Mediterráneo oriental, como Estambul, por mar hasta Europa. Un trayecto que duraba meses y estaba plagado de peligros...

Desde 1453, Estambul, la antigua Constantinopla, era la capital del imperio Otomano, un poderoso estado musulmán que se enfrentaba a los principales reinos cristianos y asiáticos. Al mismo tiempo, estos reinos también luchaban entre sí, en una continua sucesión de delicadas alianzas comerciales, traiciones, guerras, actos de piratería e intrigas.

En medio de tantas rivalidades, los comerciantes otomanos ponían altísimos impuestos a las especias, cuando las recibían, y los mercaderes cristianos, después de pagarlos, subían su precio aún más para sacar beneficio. De esta manera, el precio de un cargamento de pimienta, desde que salía de *las Indias* hasta que llegaba a Europa, podía llegar a multiplicarse por cuatro.

Lógicamente, todos buscaban un camino alternativo con menos competencia y peligros. El primero en hallarlo fue Enrique el Navegante, rey de Portugal. Para lograrlo, este rey fundó la influyente escuela náutica de Sagres, la mejor de su época, e impulsó el proyecto de dar la vuelta a África para llegar directamente a *las Indias*, en el océano Índico.

Entre 1418 y 1476, fueron colonizadas las islas Madeira, Azores y Cabo Verde, además de la costa africana hasta el golfo de Guinea. En consecuencia, cuando llegué a Portugal, en 1476, los marineros portugueses conocían muy bien el océano. No es extraño, pues, que me fuera a vivir con ellos: junto a ellos aprendería la mejor manera de llegar a *las Indias*, origen de las especias y muchas otras maravillas.

Una idea revolucionaria

Ya instalado en Portugal, trabajé como cartógrafo junto a mi hermano Bartolomé, y me casé con la bella Filipa Moniz de Perestrello, hija del gobernador de Porto Santo, la más pequeña de las islas Madeira. Desgraciadamente, Filipa murió poco después de dar a luz a mi primer hijo, Diego. Más tarde falleció mi suegro, colaborador próximo al rey Enrique el Navegante, y heredé varios mapas, textos e instrumentos de navegación.

Durante aquellos años que viví en Portugal, la colonia de mercaderes genoveses de Lisboa me acogió con los brazos abiertos y realicé varios viajes comerciales para ellos. Unos, hacia el Atlántico Norte, hasta Inglaterra e Islandia, y otros hacia el Atlántico Sur, hasta las posesiones portuguesas en la costa de Guinea y las islas Azores, Madeira y Cabo Verde, así como a las islas Canarias, reclamadas por la corona española desde 1475.

Como pude, en medio de tanta marinería, aproveché para aprender español, idioma que intuía que me sería de gran utilidad, y para estudiar cosmografía, ciencia que combinaba geografía y astronomía. Fue durante estos viajes y horas de estudio cuando concebí la idea de llegar a *las Indias* cruzando el océano Atlántico, dirección oeste. Si estuviera en lo cierto, esta ruta sería mucho más rápida que la portuguesa que bordeaba África, ya que me permitiría conectar en línea «recta» con *las Indias*.

Además de la gloria y las riquezas que esperaba conseguir con mi descubrimiento, me sentía atraído a realizar este viaje a causa de mi admiración por un libro muy especial... Escrito casi dos siglos antes de que yo naciera, *El libro de las Maravillas* de Marco Polo describía el fantástico mundo de *las Indias*, origen de las riquezas que llegaban a Europa con tanto peligro, coste y esfuerzo. Además, la ciencia china, en aquella época, era la más adelantada, con inventos como la pólvora, la brújula, el papel y los billetes de banco.

El libro de las Maravillas me parecía el resumen de todos mis sueños de juventud: ¡aventuras y tesoros! Nada me hacía más feliz que imaginarme contemplando con mis propios ojos aquellas maravillas.

El libro de las Maravillas

Desde que leí el libro de Marco Polo, me prometí descubrir la ruta más rápida y directa entre Europa y *las Indias*, porque algo dentro de mí me decía que yo era la persona elegida por Dios para esta empresa. Nunca dudé que lo conseguiría… En el ejemplar que compré de aquel libro, hice anotaciones al margen y subrayé los textos más interesantes. Allí donde iba, me llevaba el libro conmigo.

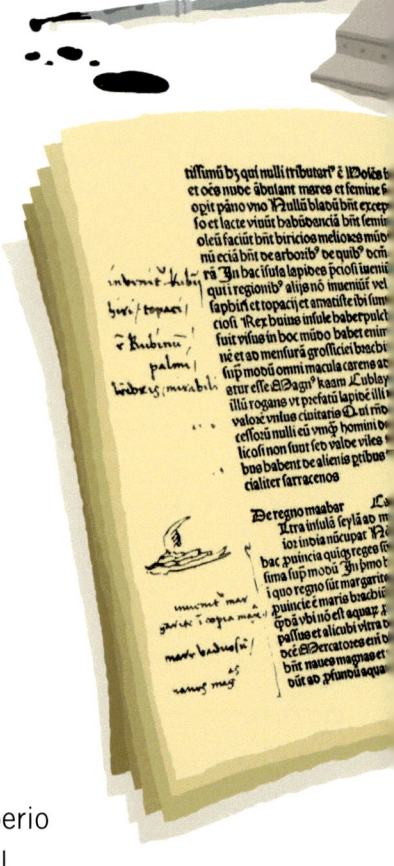

El reino de *las Indias* más alejado era Cipango (Japón), y de él Marco Polo contaba que era una isla grandísima con una inagotable abundancia de oro: tanto que no sabían qué hacer con él. Uno de sus palacios estaba completamente revestido de oro: suelo, techo, paredes, ventanas, puertas…

Pero nada superaba en esplendor a la corte del gran Khan. El reino de Catay (China) estaba gobernado por descendientes de Gengis Khan, gran conquistador mongol, que fundó el imperio más grande de la historia. En su capital, Cambaluc (Pekín), Marco Polo decía que estos poderosos monarcas habían construido un inmenso palacio que recibía a diario riquezas de todo el mundo, aunque más maravilloso era Xanadú, su palacio de verano.

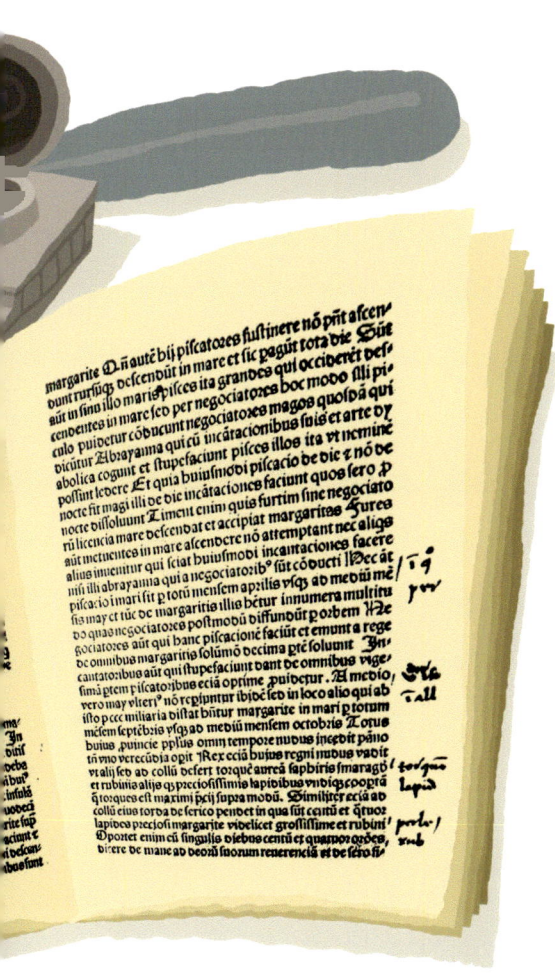

Todos los caballos y yeguas de Xanadú eran de color nieve, y su belleza no admitía comparación, así como sus tesoros.

Por éstas, y muchas otras maravillas que describía Marco Polo, mi gran sueño era ver *las Indias* con mis propios ojos. Entonces no podía saber detalles históricos como que la dinastía mongol del gran Khan hacía tiempo que había sido sustituida por la dinastía china de los Ming, ni detalles geográficos como que entre *las Indias* y Europa había un continente. En mi visión del mundo, reflejo de mi época, se mezclaban creencias equivocadas y acertadas. Aunque, ¿no es siempre así?...

Un error genial

En la Antigüedad, algunos sabios, como Tolomeo, intuyeron que la Tierra era esférica, y por lo tanto, tenía sentido navegar hacia Occidente para llegar a las regiones orientales. Nadie, sin embargo, había realizado este viaje, o si lo hizo, nunca regresó para contarlo. Séneca, uno de aquellos sabios, incluso profetizó que un día alguien descubriría una nueva tierra en medio del océano.

Estas ideas, sin embargo, se olvidaron durante la Edad Media. En esta época la gente se imaginó la Tierra de forma plana y el océano Atlántico como una terrible región a la que llamaron «el mar Tenebroso». En ella había terribles monstruos y una inmensa cascada donde se terminaba el mundo.

Cuando yo nací, a principios del Renacimiento, el deseo de conocer nuevas rutas comerciales promovió un gran interés por averiguar más cosas del mundo. Entonces, los estudiosos volvieron a leer a los antiguos sabios de la Antigüedad, y comenzaron a rechazar las limitadoras creencias de la Edad Media.

Por desgracia, nuestros mapas aún eran muy imprecisos. La manera de representarlos como tú los conoces ahora se empezó a conseguir después de mi muerte.
Cuando yo era joven, ¡más de la mitad del globo terrestre se desconocía! Para mí, más allá de Europa y del Mediterráneo sólo existía una confusa masa de leyendas y rumores.

Poco a poco, sin embargo, esta visión del mundo se hacía más real gracias a las expediciones portuguesas, y entonces surgieron nuevas hipótesis, algunas ciertas, otras equivocadas. Unos afirmaban que la distancia entre Asia y Europa era tan grande que ninguna embarcación podía recorrerla. Otros, como Pierre d'Ailly y Paolo Toscanelli, creían que dicha separación podía ser menor: unas 3.000 millas náuticas.

Para que la gente que pudiera financiar mi viaje no se asustara, yo les hablaba de 2.400 millas. En realidad, la distancia exacta es de 10.600 millas y hay un continente en medio llamado América. Claro que, entonces, nadie había podido demostrar estos datos, y fue gracias a mi «error» que se pudo conocer la verdad. Si no hubiera creído que el mundo era tan pequeño, ¿quién me habría seguido tan lejos a través del «mar Tenebroso»?

Aunque no todo se debió a un «error». Yo también me apoyaba en mi pericia marinera, pacientemente adquirida durante mis viajes en barcos portugueses por el Atlántico, y en la sensación de haber sido elegido por Dios para realizar este viaje. Si la fe mueve montañas, bien podía impulsar a un marino creyente hasta su destino.

Los tesoros para encontrar tesoros

Al igual que en la vida, lo importante en toda navegación es saber adónde se quiere llegar y disponer de los medios necesarios para hacerlo. Yo siempre tuve claro lo primero: ver *las Indias*, y no ahorré esfuerzos en aprender lo segundo: el manejo de los barcos e instrumentos náuticos de mi época, tan interesada en explorar nuevas tierras y mares.

Aunque el impulso de aventura se mezclaba con el afán de riquezas y privilegios, en mi época también buscábamos aumentar los conocimientos y las ciencias. La construcción de barcos mejores a los de la Edad Media permitió la navegación oceánica.

La nao –por ejemplo–, robusta y pesada, era una embarcación difícil de maniobrar, pero muy buena como navío de carga. En cambio, la carabela, ligera y manejable, era más rápida, aunque por su pequeñez debía ser auxiliada por la nao en los viajes largos, que transportaba la mayor parte de las provisiones.

De gran ayuda fueron también los primeros instrumentos de navegación para alejarse de tierra firme y surcar el mar abierto sin desorientarnos. Al principio, sólo permitían determinar la latitud —línea horizontal de un mapa, o paralelo—, mientras que la longitud —la línea vertical, o meridiano— se establecía de manera aproximada o «a estima».

A causa de esta razón, había dos maneras de orientarse. Por un lado, con instrumentos de origen árabe, como el cuadrante y el astrolabio, que permitían averiguar el rumbo de la nave por su relación con la posición del Sol u otra estrella; y uno de origen chino, la brújula, que siempre señala el norte magnético. Por otro lado, nos orientábamos siguiendo el vuelo de las aves, la forma de las nubes, la presencia de vegetación flotante en las olas, o el color del mar.

Aunque rudimentarios, con buenos vientos, estos modos de orientación podían ser de gran ayuda. Ahora bien, si se formaba un huracán o los vientos eran contrarios, todo era puro azar. Los marineros, entonces, sólo podíamos rezar y hacer promesas a la Virgen o a los Santos.

Llegada a España

Guerras e intereses comerciales, relatos de exóticas maravillas, varios viajes y estudios de formación, una visión del mundo diferente, errores geográficos, nuevos tipos de barcos e instrumentos… ¡Cuántos pequeños detalles debieron juntarse para que yo pudiera descubrir el Nuevo Mundo! Pero lo más difícil de todo fue convencer a otras personas para que financiaran mi viaje, una empresa a la altura de muy pocos patrocinadores…

En aquel tiempo, gran parte de Europa seguía dividida en pequeños estados, lo que debilitaba el poder de sus gobernantes. Por el contrario, Inglaterra, Francia, España y Portugal se habían unificado y habían sentado las bases del Estado moderno. Sólo estas naciones disponían de suficiente dominio y riqueza para emprender grandes empresas de exploración, y a ellas me dirigí.

Al residir en Portugal, y ser su rey un gran mecenas de navegantes, fui primero ante él. Después de largas discusiones, los consejeros del rey portugués consideraron mi empresa imposible, y la rechazaron.

Convencido de tener razón, y sin perder la confianza en mí mismo, busqué otro patrocinador. Fue así como entré en España, hacia 1484, para buscar el apoyo de los Reyes Católicos. Sus Altezas, interesadas en todo lo que fuera contrario a su rival Portugal, me concedieron una entrevista, pero sus consejeros también pensaron que estaba loco.

Testarudo como soy, me dediqué a convencer a influyentes personajes de la corte española para que los Reyes cambiaran de idea. Mientras tanto, había conocido a la joven Beatriz Enríquez de Haran, con quien comencé una relación, y con el tiempo fue la madre de mi segundo hijo, Hernando.

Pero los Reyes Católicos, volcados en la guerra contra Granada, el último reducto musulmán en la península Ibérica, nunca encontraban tiempo para reconsiderar mi proyecto, y los años pasaban... Cada vez era más pobre e impaciente, así que comencé a negociar con los reyes de Francia e Inglaterra, y cuando estaba a punto de abandonar España, Fray Juan Pérez, confesor de la reina Isabel, la convenció para recibirme de nuevo...

Cerca de Granada

Mi segunda reunión con sus Altezas tuvo lugar en el campamento real de Santa Fe, bajo la ciudad de Granada recién conquistada, a principios de 1492. Un hormiguero de soldados rodeaba la ciudad.

En aquella reunión, a cambio de mis servicios, pedí a sus Altezas la décima parte de cuantas riquezas pudieran obtenerse en *las Indias*, el título de Don y las dignidades de Almirante de la Mar Oceana y Virrey y Gobernador de *las Indias*. Sin embargo, la Junta y los soberanos quedaron estupefactos ante mi atrevimiento y me despidieron con una negativa tajante.

Decepcionado, abandoné Granada. ¿Era el fin de mis sueños?... Aún no estaba muy lejos de la ciudad, cuando fui alcanzado por un correo de la reina que me ordenaba regresar. Al parecer, Luis de Santángel, tesorero real, había convencido a los soberanos de los beneficios de mi empresa. Firmamos un primer acuerdo, las llamadas «capitulaciones de Santa Fe», y marché al puerto de Palos de la Frontera, en Huelva, para preparar mi viaje.

Durante aquellos agitados días, sus Altezas también decidieron expulsar a todos los judíos de sus reinos. Esto no era nuevo en Europa, pues la medida ya se había adoptado en Inglaterra (1290) y en Francia (1394). La expulsión contribuyó durante un tiempo a llenar las arcas reales con las riquezas confiscadas a los judíos, y ayudó a unificar España en una única fe: la católica.

Esta unificación se llevó a cabo también con la instauración del tribunal de la Santa Inquisición, cuyo principal cometido era perseguir a los árabes y judíos que se hubieran quedado en España y siguieran practicando su fe. ¡Qué rara es la vida!: mientras árabes y judíos lamentaban su suerte, ¡yo me sentía por fin llamado a la gloria!

La aventura comienza

El 23 de mayo de 1492, los vecinos de la villa de Palos fueron convocados en la iglesia parroquial de San Jorge. Allí reunidos, escucharon la orden real de ayudarme en todo lo que fuera necesario para mi viaje. En todos los preparativos estuvo siempre a mi lado Juan Pérez, el confesor de la reina, aquél que la había convencido para recibirme por segunda vez.

Para mi viaje elegí dos carabelas, *la Pinta* y *la Niña*, y una nao que convertí en nave capitana, la *Santa María*. Sin embargo, la salida se demoró casi tres meses por dos motivos…

Primero, la expulsión de los judíos, que se realizó, sobre todo, desde el puerto de Palos. Y segundo, por la dificultad de reclutar gente para mi arriesgada empresa. Con decirte que fue necesario completar la tripulación con presos y –según algunos historiadores– con judíos que huían de su desgracia.

Por fin, logré reunir unos 90 tripulantes entre pajes, grumetes, marineros, oficiales, un escribano, tres cirujanos, y los propietarios de las naves: los hermanos Pinzón y un tal Quintero. Como se trataba de una exploración, esta vez no subieron curas, ni artesanos, ni campesinos, ni otra «gente de tierra».

Mientras unos reparaban, carenaban y pintaban los barcos, otros llenaban las bodegas de barriles, cajas, fardos y sacos con víveres. En alta mar se pesca muy raras veces, y nuestra vida dependía de las provisiones guardadas en la bodega de cada barco. Todos sabíamos, sin embargo, que antes de un mes, se agriaría el vino, se pudriría el agua y se agusanarían los bizcochos y la cecina.

La flota se pone en marcha

La tarde del 2 de agosto, cuando el último barco con judíos abandonaba España, la gente a mi mando embarcó en *La Pinta*, *la Niña* y la *Santa María*. Al día siguiente, soltamos amarras y levamos anclas…

Nuestra primera escala fueron las Canarias. En aquella época, estas islas comenzaban a poblarse de españoles, y en los pocos puertos disponibles, soldados, colonos e indígenas formaban una peligrosa mezcla: en la Gomera, poco antes de nuestra llegada, se había producido una violenta revuelta de los nativos, llamados guanches. Muy pronto, algo parecido sucedería al otro lado del Atlántico…

Durante unas semanas fue necesario permanecer en las Canarias para reparar el timón de *la Pinta* y sustituir las velas triangulares –o latinas– de *la Niña* por velas cuadradas, más aptas para los vientos oceánicos. Estos vientos, llamados alisios de nordeste, soplan en la dirección que me interesaba para llegar hacia donde yo me imaginaba que estaba Cipango.

Mientras se preparaban las naves, recordé algunas de las curiosas historias que había oído aquí y allá: algunos pescadores de El Hierro, la isla más alejada de las Canarias, juraban que habían visto tierra al oeste, y en las Azores, islas aún más distantes, aseguraban que a sus playas arribaban extraños árboles y cadáveres de humanos muy diferentes a nosotros. Para mí, estas historias demostraban que Cipango estaba realmente cerca, esperando mi llegada...

Cada vez más impaciente, miraba al horizonte y me imaginaba ya rodeado de las maravillas descritas por Marco Polo. ¡Cuántos años de estudio y negociaciones habían pasado hasta ese momento!

Por fin, el 6 de septiembre, terminados los arreglos, nos adentramos en el océano Atlántico. Pero ahora que mi viaje era una realidad, el rey de Portugal –quien había rechazado financiarlo– temía que yo pudiera tener razón, y envío tres naves para hacerme prisionero. Afortunadamente, logramos evitar dichas naves y continuar viaje, y ya nada ni nadie me impediría llegar hasta la corte del gran Khan.

Pero quedaba mucho por delante. Para que la tripulación no se desanimara pensando que el trayecto era demasiado largo, yo había decidido llevar una doble cuenta del recorrido: la auténtica, que guardaba en secreto, y la fingida, que era la que transmitía a la tripulación. El 10 de septiembre, por ejemplo, navegamos 70 leguas, y dije que habían sido sólo 48. Delante nuestro se extendía el gran «mar Tenebroso», y la rutina diaria de un barco sin lujos ni tampoco comodidades...

Primera hora a bordo

Al salir el Sol, rezamos las oraciones de la mañana e ingerimos un frugal desayuno a base de pan, ajos y queso. Luego, siempre había algo que hacer: mantener la cubierta limpia; reparaciones en la nave o en aparejos (tapar fugas, achicar el agua, arreglar cuerdas…) y las tareas propias del tonelero, el encargado de cuidar la conservación de los toneles, donde se guarda el agua y el vino, y del despensero, responsable de los alimentos.

Las labores más fatigosas se realizan acompañadas de una cantinela, que primero entona un solista y luego repiten los demás a coro.

Para que el barco esté atendido las veinticuatro horas se establecen guardias de cuatro horas; aunque, claro, en caso de tormenta, nadie descansa. Cada media hora, un grumete da la vuelta al reloj de arena, llamado ampolleta, y canta una plegaria.

En los relevos, los oficiales se comunican el rumbo unos a otros y revisan los cálculos de velocidad y distancia transcurrida. Aunque, debido al vaivén del barco, se requiere mucha pericia para utilizar estos instrumentos y los errores son frecuentes. A veces, de un barco a otro, los oficiales discuten porque sus respectivos cálculos no coinciden.

En mi época, no existían uniformes para los marineros, y éstos vestían con lo que podían, que era muy poco. Sólo los capitanes tienen un elegante traje para ocasiones especiales. Pero, durante días, todos llevamos la misma ropa, y muy rara vez la lavamos. Cuando llueve, seguimos trabajando con la ropa empapada ya que, por seguridad, no se puede encender fuego y secarla.

Como ves, la comodidad era desconocida en uno de aquellos viajes. Tampoco había mucha intimidad. Por ejemplo, para hacer caca era necesario sujetarse de las cuerdas sobre una tabla con un agujero que pendía del exterior del barco sobre el mar, a la vista de todos…

Última hora a bordo

A mediodía, si el trabajo y la mar lo permiten, cocinamos sobre cubierta; es la única comida caliente del día. Como parte de las provisiones son salazones de pescado y de carne, la comida da mucha sed, pero el agua potable está racionada y, al cabo de un tiempo, corrompida… A causa de la falta de fruta y vegetales frescos, muchos marinos enferman.

Los marineros relevados que necesitan dormir deben buscar un rincón en cubierta, pues en las bodegas el aire es rancio y nada saludable. A ratos, alguien toca la flauta, o el laúd, otros pescan, algunos juegan a escondidas –los naipes y los dados están prohibidos porque provocan peleas–, otros aprovechan para asearse un poco y despiojarse unos a otros, ¡y todos sueñan que la fortuna les hará ricos!

Por la tarde se sigue con la rutina marinera. Y, al ponerse el Sol, se canta el *Salve Regina*, cambio de turno, y el barco sigue avanzando.

Presagios y señales

Empujados por un viento del nordeste, navegábamos cada vez más lejos de las Canarias, del hogar, del mundo conocido... Nadie se había alejado tanto de tierra firme como nosotros. Hora tras hora. Día tras día. Y mar, mar, sólo mar alrededor.

Bueno, el mar y extrañas señales... El 13 de septiembre sucedió algo asombroso: las agujas de la brújula reflejaron una desviación magnética noroeste, un fenómeno desconocido hasta entonces. Fue después de mi época cuando se supo que esa desviación se debe a la posición de la Estrella Polar y la proximidad del meridiano magnético cero. Para no preocupar a la tripulación, intenté restarle importancia a este hecho.

Dos días después, sin embargo, vimos caer un «ramo de fuego», en realidad un meteorito, algo que tampoco conocíamos, y el suceso alarmó a los marineros y lo interpretaron como una señal de mal augurio. Y al día siguiente apareció sobre el mar un manto de plantas verdes, que también preocupó a la tripulación por miedo a encallar en ellas. Ninguno sabía que era un bosque de algas flotantes en el hoy llamado mar de los Sargazos. En resumen, todos estos fenómenos –nuevos para nosotros– inquietaron a la tripulación, y ésta comenzó a perder la paciencia.

Una semana después, el viento del nordeste dejó de soplar y se levantó una brisa contraria. Novedad que, por fortuna, fue bien acogida por la tripulación, ya que presagiaba la existencia de buenos vientos para el regreso. A continuación se produjo tal calma que algunos marineros incluso se echaron a nadar.
El 25, por suerte, volvió a soplar viento nordeste, y *La Pinta*, que

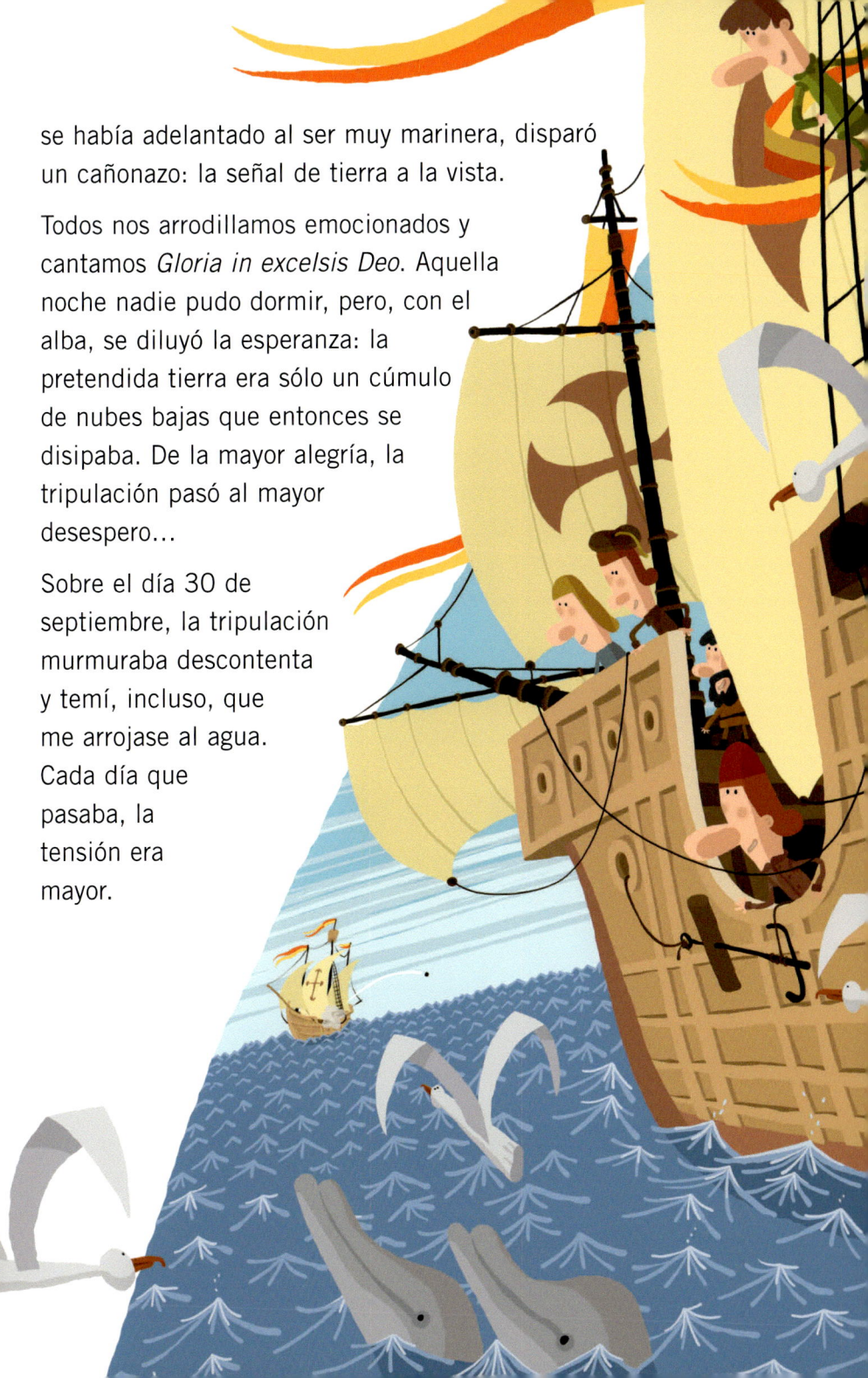

se había adelantado al ser muy marinera, disparó un cañonazo: la señal de tierra a la vista.

Todos nos arrodillamos emocionados y cantamos *Gloria in excelsis Deo*. Aquella noche nadie pudo dormir, pero, con el alba, se diluyó la esperanza: la pretendida tierra era sólo un cúmulo de nubes bajas que entonces se disipaba. De la mayor alegría, la tripulación pasó al mayor desespero…

Sobre el día 30 de septiembre, la tripulación murmuraba descontenta y temí, incluso, que me arrojase al agua. Cada día que pasaba, la tensión era mayor.

¡12 de octubre de 1492!

Según mis cálculos, la separación entre Canarias y Cipango era de 750 leguas, por lo que fue una sorpresa para mí no divisar tierra el 1 de octubre, cuando habíamos cubierto dicha distancia, pero aún seguíamos en alta mar. De todas las señales que habían atemorizado a los marineros, ésta fue la única que logró inquietarme a mí.

Cada vez era más difícil seguir engañando a la tripulación con mis «cuentas falsas». La necesidad de avistar tierra firme nunca había sido tan urgente. Unos días después se produjo un motín, que calmé con la única promesa de regresar a España si no divisábamos tierra en tres días; era el 10 de octubre... Pero el mar seguía rodeándonos; sólo mar, nada más que mar...

Y, de repente, en medio de la noche, la confusa visión de una centella. Luego, de una hoguera. Sí, no había duda: ¡estábamos cerca de tierra firme! Diferentes pájaros sobrevolaban nuestras naves y se podía oler ya a vegetación.

Al punto, amainamos las velas y esperamos a la capa, esto es, bajamos la velocidad y esperamos junto a la costa para encontrar un momento propicio para desembarcar. Tras una interminable noche, por fin se levantó el Sol el 12 de octubre, y un inmenso telón de acantilados y bosques selváticos apareció enfrente de nosotros. Había llegado la hora de pisar *las Indias*, el gran sueño de mi vida...

Y curiosamente, en aquel momento, mis recuerdos retrocedieron a la primera vez que vi el mar. Yo era sólo un niño, y a lo lejos había un barco. Poco a poco, las velas se hicieron más grandes, cada vez más grandes, y finalmente, además de velas, pude ver el casco del barco, las cuerdas, los marineros, sus gritos, el sonido de la madera sobre las olas, su olor...

Aquel amanecer del 12 de octubre de 1492 era diferente. En lugar de mirar el barco desde fuera, yo estaba dentro de él. En lugar de ser un simple niño, yo era el capitán de una expedición destinada a cambiar la historia. En lugar de estar en la playa, yo era el que me aproximaba hacia ella...

Yo, y una isla desconocida en medio del «mar Tenebroso».

Los primeros meses

«¡Tierra a la vista!», para el marinero esta frase es música celestial y nada puede compararse a la emoción que recorre su cuerpo cuando la pronuncia delante de un mundo nuevo... La llamé San Salvador (hoy es Watling, una de las islas Bahamas), y para llegar hasta ella, nos pusimos nuestras mejores galas, y desplegamos todas las banderas a bordo.

Nada más pisar tierra, tomé posesión de ella en honor a Dios, que me había guiado y salvado de tantos peligros, y a los Reyes Católicos, mis mecenas. Luego, recordé todos los títulos que sus Altezas me habían ofrecido: Almirante de la Mar Oceana, Virrey y Gobernador de las Islas y de la Tierra Firme, e hice jurar a los que se encontraban conmigo como testigos. Acto seguido, mandé rezar una plegaria y levantar una cruz en la playa.

Convencidos de haber llegado a *las Indias*, dimos el nombre de indios a los indígenas que allí vivían, aunque ellos mismos se llamaban taínos. Lo primero que hicimos fue reclutar a algunos de estos indios a nuestra tripulación para que aprendieran español y sirvieran de intérpretes. Fue así como aprendimos las palabras huracán, hamaca, barbacoa, maíz, tabaco, cacique, y de los terribles *canniba*, feroces guerreros antropófagos que sembraban el terror en aquella región.

A excepción de los *canniba*, los indios parecían gente mansa, apta para convertirse a nuestra fe y ser humildes servidores. Pero, como vivían desnudos y en humildes poblados, carecían de riquezas. El único oro a la vista estaba en los adornos de narices y orejas que llevaban. Mediante trueque por mercancía de pacotilla intenté conseguir la mayor cantidad de aquellos adornos, con la esperanza de reunir un tesoro lo suficientemente grande para agradar a los Reyes Católicos.

Por sus señales, creímos entender que el oro procedía de un lugar llamado Cibao, y yo confundí ese lugar con Cipango, el reino repleto de oro descrito por Marco Polo. Fue en su búsqueda que descubrimos otros territorios como Juana (Cuba), La Española (Haití y República Dominicana) y Tortuga, aunque Cibao nunca apareció, ni Cipango. Sin yo saberlo, estábamos a miles de kilómetros de las verdaderas Indias.

Recibimiento triunfal en Barcelona

Estuvimos varios meses recorriendo aquellas tierras. Durante la Nochebuena de 1492, la *Santa María* encalló en unos arrecifes y con sus restos, se construyó el refugio de Natividad; fue la primera colonia europea en el Nuevo Mundo. Treinta y siete hombres se quedaron en ella con la misión de buscar oro.
El primer mapa de aquellas regiones lo realicé yo y pretendía recordar su posición.

El 11 de enero de 1493, debido a la codicia de mi tripulación, tuvo lugar una pelea entre indios y cristianos en la actual Bahía de Samaná, al norte de La Española. Fue la primera de muchas otras, mucho más violentas... A pesar de ese triste episodio, aquellas islas me parecieron el lugar más bello del mundo, por su vegetación, por su fauna, por sus gentes... Con gran pesar, el 24 de febrero iniciamos el viaje de regreso.

Cuando ya estábamos cerca de Lisboa, un temporal estuvo a punto de hacernos naufragar; y una vez en España, para cumplir los votos que habíamos hecho durante la tormenta rogando por nuestra salvación, emprendimos dos peregrinaciones desde Palos hasta Huelva y Moguer. Hice luego solemne entrada en Sevilla y, más tarde, en Barcelona, ciudad donde se encontraban los Reyes Católicos en ese momento.

Aunque no traía mucho oro ni ninguna de las maravillas descritas por Marco Polo, llevaba a sus Altezas otras igual o más prometedoras: tomate, patata, maíz, cacao, cacahuete, pimiento, chirimoya, piña, aguacate, mango, vainilla, tabaco, quinina y caucho, así como la prospección de todo un nuevo mundo que colonizar y evangelizar.

Una vez en Barcelona, los soberanos me colmaron de favores, y todos los presentes nos arrodillamos y rezamos. Más tarde, los indios que habían venido conmigo fueron bautizados, y sus Altezas ordenaron que el trato dado a ellos debiera ser siempre correcto.

Fue el momento más feliz de mi vida, aunque mis ansias de poder y reconocimiento me granjearon muchas envidias y antipatías. Nadie discutía mi prestigio como marino, pero muchos cuestionaron mi autoridad y capacidad organizativa para este proyecto.

El huevo de Colón

Mi estancia en Barcelona no pudo ser más de mi agrado ya que sus Altezas se mostraron muy complacientes conmigo. En sus salidas por la ciudad, el rey Fernando me invitaba a cabalgar a su lado y junto al heredero, privilegio reservado sólo a la familia real.

Sus Altezas también me nombraron oficialmente Almirante de la Mar Oceana, y me hicieron entrega de un estandarte que llevaba un castillo en la parte superior izquierda, un león en la superior derecha, cinco anclas en el extremo inferior derecho, símbolo de mi marinería, y las primeras islas que descubrí, al lado de estas anclas. Más abajo, se veía mi emblema personal, con el privilegio de incluir los escudos de Castilla y León.

Durante una de las comidas que solía tener con nobles y otras gentes de bien, unos envidiosos insinuaron que mi gran aventura había sido cosa sencilla. Sin caer en el error de molestarme por sus burlas, cogí un huevo y les invité a que lo sostuvieran de pie sobre la mesa. Después de varios intentos, nadie lo consiguió, el huevo siempre se caía. Entonces, yo tomé el huevo y lo chafé un poco por uno de sus extremos, de manera que pude plantarlo sobre la mesa.

Los comensales, molestos, dijeron entonces que eso era fácil, y yo respondí que lo mismo que mi viaje a *las Indias*, pero que alguien tenía que pensarlo y hacerlo primero...
Y ése fui yo.

En aquellos fastuosos días agradecí la habilidad con la que había inventado un pasado ilustre para mi persona. Rodeado como estaba de envidiosos y resentidos, la menor falta en mi linaje o juventud habría sido utilizada en mi contra sin la menor piedad.

Para dar aún más realce a mi misteriosa figura, decidí firmar con una serie de letras que aún hoy los historiadores se preguntan por su verdadero significado:

S

S.A.S

X M Y

Sólo con mis hijos podía ser sincero, sólo a ellos les dirigía cartas cuya firma era *Tu padre, que te ama más que a sí*.

¡Cuántas esperanzas tenía puestas en el futuro de mis hijos, y en el mío propio! ¡Y qué feliz era cuando me preparaba para realizar mi segundo viaje a *las Indias*!

Segundo viaje: rebelión y desorden

Si recordáis, en mi primer viaje salimos de un puerto discreto como Palos, y fue necesario sacar presos de las cárceles para completar la tripulación. Ahora, después de mi regreso del Nuevo Mundo, eran millares de españoles los que deseaban seguirme, y nuestros puertos de partida iban a ser Sevilla y Cádiz, los principales de España.

Esta vez, los preparativos tuvieron lugar en medio de una gran expectación; y cuando levamos anclas el 25 de septiembre de 1493, me siguieron diecisiete navíos y más de mil doscientas personas. Muchas de ellas clérigos, soldados, artesanos, campesinos e incluso mujeres. Nuestra misión era construir un imperio de ultramar.

Por lo tanto, en este viaje, también llevamos caballos y productos que pudieran ser fuente de beneficios, como la caña de azúcar, una planta cuyo cultivo se convirtió en el negocio más boyante de las colonias americanas. El ron, la bebida favorita de los piratas, se destilaría de ella. Todo parecía augurar una feliz empresa, pero...

Una vez en *las Indias*, encontramos Natividad asolada y a todos sus moradores muertos. Con gran pesadumbre, construimos una nueva colonia, llamada Isabela en honor de la reina de Castilla. No obstante, esta colonia también fue destruida posteriormente. Gobernar las nuevas posesiones se hizo cada vez más difícil, pues el afán de oro y esclavos de nuestra gente llevó a los indígenas a rebelarse, y se produjeron diversas revueltas.

Después de mi llegada, arribaron más barcos. En uno de ellos, vino mi hermano Bartolomé y le nombré Adelantado, que es la segunda persona con mayor autoridad después de mí. Juntos intentamos poner orden en la colonia española, pero fracasamos.

Muchos nativos murieron en poco tiempo. Si no fue por la guerra o la esclavitud, fue por enfermedades nuevas para ellos que nosotros trajimos de Europa, como la viruela. Varios de nuestros hombres, y yo mismo, también enfermamos cuando surgió del mar algo que los indios llamaron *huracán*. Era como si hubiera llegado el Fin del Mundo; fue en junio de 1495.

Y en el momento de mayor pesadumbre, llegó un mensajero de los Reyes Católicos que me pedía regresar a España…

Tercer viaje: más penurias que alegrías

Un acuerdo entre Portugal y España prohibía a los españoles hacer descubrimientos al sur de las Canarias. Como este pacto era anterior a mi primer viaje, y entonces no se conocía el Nuevo Mundo, fue necesario volver a negociar otro tratado. Los Reyes Católicos querían que regresase para ayudarles a establecer el nuevo límite.

Además, habían llegado quejas a sus Altezas del trato dado a los indígenas, y me pedían explicaciones de por qué habían sido esclavizados. Con gran quebranto, regresé a España el 10 de marzo de 1496.

Esta vez los Reyes me recibieron en Burgos, y para expiar mis culpas me vestí con el humilde hábito de un monje franciscano. Pese a los informes desfavorables, Fernando e Isabel mantuvieron su confianza en mí, y me financiaron un tercer viaje a finales de 1497.

Un año antes, la flota del portugués Vasco da Gama conectó por fin *las Indias* con Europa por la ruta de África. La carrera por dominar las rutas oceánicas había comenzado. Inglaterra, Francia y Holanda no tardarían en disputar estas rutas a España y Portugal.

Con la esperanza de hallar más riquezas, esta vez navegué más hacia el sur que en mis viajes anteriores. Pero no hallamos nada de interés y el agua potable empezó a escasear.

Además, mi vista disminuía cada día.

Justo cuando todo parecía perdido, divisamos una inmensa línea de costa, con un río igualmente grande (hoy el Orinoco, en Venezuela). Sin saberlo, era la primera vez que unos europeos se hallaban ante Sudamérica. Debido a su belleza, a mí me pareció la entrada al Paraíso.

Desgraciadamente, debimos dar media vuelta por falta de víveres, y pusimos rumbo a La Española. Allí nos esperaba el infierno: varios españoles se habían sublevado, y a pesar del uso de la fuerza me fue imposible restablecer el orden. Mi salud acabó de resentirse, y casi me quedé ciego.

Para colmo de mis desgracias, llegó una flota castellana al mando de Francisco de Boadilla, un infame gobernador que se hizo cargo de las colonias que yo había descubierto, y considerándome culpable de la anarquía reinante, me mandó regresar a España, preso y encadenado, junto a mis dos hermanos.

Humillante regreso a España

Cargado de cadenas, enfermo, pobre y maltrecho. Así hube de verme yo, que había sido Almirante de la Mar Oceana y cabalgado junto al Rey Fernando. Yo, a quien todos habían considerado un loco y, durante años, le decían que su viaje era imposible. Yo, que para sorpresa del mundo, encontré un camino a través del inmenso «mar Tenebroso», y descubrí la ruta más rápida hacia *las Indias*...

Se me acusaba de abusos de poder, de no pagar los atrasos que se debían a los colonos, y de haber vendido indígenas como esclavos para compensar la falta de oro, a pesar de la prohibición expresa de sus Altezas. Durante el viaje de regreso, el capitán de la carabela donde viajábamos quiso quitarme los

grilletes, pero yo me negué alegando que me los habían puesto por orden de los reyes y eran los reyes quienes debían quitármelos.

Mientras tanto, el mundo mudaba de forma y fronteras con gran rapidez. Pedro de Estopinán conquistaba Melilla; el príncipe Juan, heredero de sus Altezas, fallecía; Gaspar de Corte Real alcanzaba Terranova; Bastidas descubría la costa de Colombia; Cabral llegaba a Brasil, y sus Altezas se hallaban ocupados en finalizar las guerras de Italia, negociando con Francia el destino del reino de Nápoles.

A finales de 1500, por fin los Reyes me recibieron en Granada, la misma ciudad donde ocho años antes me habían otorgado el mando de la primera flota hacia el Nuevo Mundo. Aunque sus Altezas me perdonaron y restituyeron todas mis propiedades, nunca me devolvieron el virreinato ni el gobierno de *las Indias*. También me prohibieron volver a las tierras descubiertas, al menos momentáneamente.

Para defender mi buen nombre, escribí un libro que titulé *Libro de Profecías*. En él me ofrecía a sus Altezas para reunir el suficiente oro en el Nuevo Mundo y reconquistar Jerusalén, con los beneficios de dicho oro. También reunía una serie de citas bíblicas que me reafirmaban como elegido para hacer el descubrimiento del Nuevo Mundo y organizar su exploración. Sin embargo, este libro no logró conmover a nadie y, mientras yo me lamentaba en tierra, muchos otros navegantes ponían rumbo a las tierras que yo había descubierto.

Cuarto viaje: el mundo no tiene fin

Por fin, a mediados de 1502, obtuve el permiso tan anhelado de volver a embarcar, aunque con muchas restricciones, entre ellas la de desembarcar en La Española y la prohibición de esclavizar a nadie. ¡Qué ironía! Pocos años después, miles de esclavos africanos serían conducidos al Nuevo Mundo.

En este cuarto viaje –el último–, aunque tenía cincuenta años y la salud muy quebrada, aún albergaba la esperanza de encontrar la ruta que llevase definitivamente de España hasta *las Indias*. Seguía convencido de que debía existir un paso que me permitiera llegar hasta las maravillas descritas por Marco Polo.

En vez de tan glorioso destino, sólo sufrí un sinfín de calamidades: tempestades, naufragios, traiciones, hambre y la crueldad de un nuevo gobernador, que me dejó un año abandonado en Jamaica.

Aunque la peor desgracia me esperaba a mi regreso a España, en 1504. Primero falleció la reina Isabel, y después, su esposo el rey Fernando, tan amistoso conmigo en Barcelona, se negó a verme durante semanas y, cuando finalmente lo hizo, me trató con amabilidad pero sin hacer justicia. En vano intenté que se me concedieran los privilegios que me habían sido prometidos hacía años, en Santa Fe, a los pies de Granada.

Aquejado de diversos males físicos y del dolor de no ver reconocidos mis méritos, entregué mi alma a Dios el día de su Ascensión –20 de mayo de 1506–, en la villa de Valladolid.

En mi lecho de muerte, pedí que me vistieran con el hábito de San Francisco y que pusieran en la cabecera de la cama los grilletes con que había sido encadenado en mi tercer viaje.

Como mi nacimiento, mi muerte también es un misterio. Dos ciudades afirman tener los verdaderos restos: Sevilla, en España, y Santo Domingo, en América. Más curioso todavía, fallecí sin sospechar que había descubierto un nuevo continente ni que dicho continente llevaría el nombre de otro marino, Amerigo Vespucci. Cinco siglos más tarde, sin embargo, cuando se puso en órbita una estación espacial la llamaron *Columbus*.

Y hoy en día, desde esa estación, entre las estrellas, como desde mi barco, en 1492, entre las olas, el horizonte del mundo parece no tener fin...

Años	Vida de Cristóbal Colón	Historia
1451-1460	1451. Nace, tal vez, en Génova.	1453. Los turcos otomanos conquistan Constantinopla.
1461-1470	1469. Viajes alrededor de Génova.	1469. Matrimonio de los Reyes Católicos.
1471-1480	1476. Colón se instala en Portugal. 1476-1483. Periplos por el Atlántico: desde Islandia hasta Guinea. 1479-1481. Nace Diego Colón, hijo de Felipa.	
1481-1490	1484. Juan II de Portugal rechaza el plan de Colón. 1486. Los Reyes Católicos escuchan a Colón. 1488. Nace Hernando Colón, hijo de Beatriz.	1476. Fallece Vlad Draculea, fuente de inspiración de Drácula. 1478. Se funda la Inquisición Española. 1479. Sicilia se incorpora a la Corona de Aragón. 1483. Conquista de Gran Canaria.
1490-1496	1492. Primer viaje. Cree llegar a Japón; en realidad, las Bahamas y Cuba. 1493. Recibimiento triunfal en Barcelona. 1493-1496. Segundo viaje. Descubre Puerto Rico.	1492. Toma de Granada por los Reyes Católicos. Expulsión de los judíos. 1494. Tratado de Tordesillas: reparto del mundo entre Portugal y España. Conquista de Tenerife.
1496-1500	1498-1500. Tercer viaje. Explora el Orinoco, afronta varias desgracias y regresa a España despojado de honores.	1497. Conquista de Melilla. 1500. Nace Carlos I de España y V de Alemania.
1501-1510	1502-1504. Cuarto viaje. Nuevos motines. Regresa enfermo y trastornado. 1506. Muere en Valladolid.	1509. Enrique VIII es coronado rey de Inglaterra.

Ciencia

1455. Gutenberg imprime *La Biblia*.

1464. Muere Nicolás de Cusa, precursor de la modernidad.

1471. Los portugueses cruzan el Ecuador terrestre.
1474. Toscanelli afirma la posibilidad de dirigirse a Oriente a través del Atlántico.

1487. Bartolomé Díaz dobla el Cabo de Buena Esperanza.

1492. Antonio de Nebrija publica su *Gramática de la lengua castellana*.

1497. Juan Caboto llega a Terranova (Canadá).
1498. Vasco da Gama alcanza la India bordeando África.
1500. Cabral descubre Brasil. Amerigo Vespucci confirma que América es un continente.

1507. Nicolás Copérnico comienza a escribir sobre su teoría heliocéntrica.

Cultura

1458. Muere Ausiàs March, autor de *Cant espiritual*.

1470. Nace Fernando de Rojas, autor de *La Celestina*.

1479. Muere Jorge Manrique autor de *Coplas a la Muerte de su padre*.

1484. Sandro Botticelli pinta *El nacimiento de Venus*.

1490. Primera edición de *Tirant lo Blanch*, de Joanot Martorell.

1498. Durero pinta su *Autorretrato* con 26 años.

1501-1504. Miguel Ángel esculpe el *David*.
1503-1505. Leonardo da Vinci pinta *La Gioconda*.
1508-1512. Miguel Ángel pinta *La Capilla Sixtina*.

Me llamo...

Es una colección juvenil de biografías de personajes universales. En cada volumen una figura de la historia, de las ciencias, del arte, de la cultura, de la literatura o del pensamiento nos revela de una forma amena su vida y su obra, así como el ambiente del mundo en el que vivió. La rica ilustración, inspirada en la época, nos permite sumergirnos en su tiempo y su entorno.

Cristóbal Colón

Aunque no se sabe con seguridad, Colón nació probablemente en Génova (Italia), en 1451, en una época en que varios estados necesitaban expandirse y dominar las rutas comerciales. Su gran ansia y corazonada era llegar a *las Indias* por un lugar distinto al terrestre o rodeando el continente africano, como pretendía Portugal. Después de postularse a varios tronos, los Reyes Católicos financiaron su aventura, que culminó con el descubrimiento de lo que se llamaría América, al otro lado del Atlántico. El resto de su vida estuvo lleno de sinsabores, pues aunque no llegó a ser consciente de que había descubierto una nueva tierra para los europeos, otros se llevaron las riquezas y honores a que era acreedor.